Addition Books for Kindergarten Math Essentials
Children's Arithmetic Books

Copyright 2016

All Rights reserved. No part of this book may be reproduced or used in any way or form or by any means whether electronic or mechanical, this means that you cannot record or photocopy any material ideas or tips that are provided in this book

Illustrated Addition Practice 1

Name: _____

Count and add. Score: _____

1	✊ + ✊	$0 + 0 = 0$
2	✊ + ☝️	___ + ___ = ___
3	✊ + ✌️	___ + ___ = ___

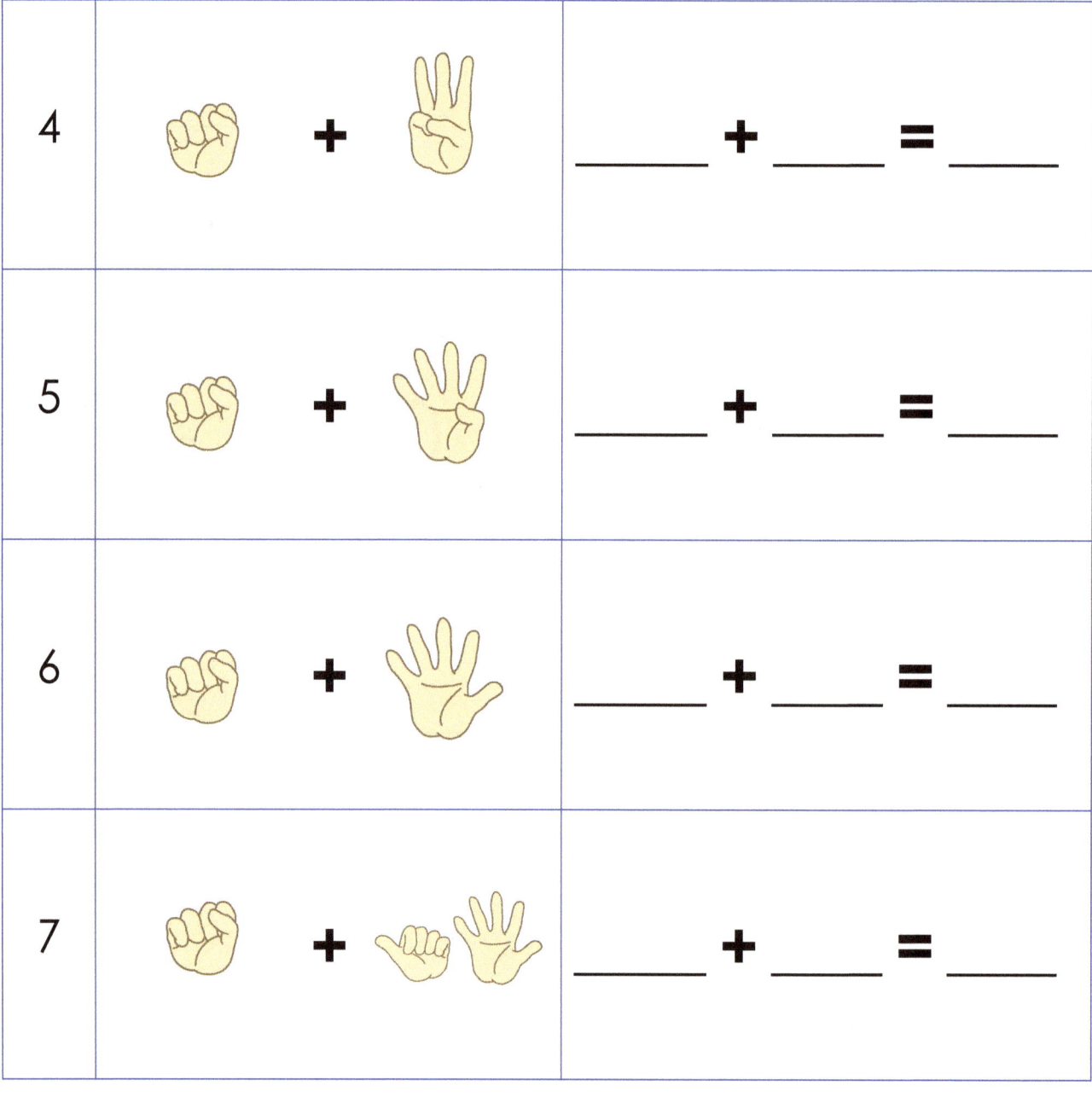

8	✊ + ☝🖐	___ + ___ = ___
9	✊ + ✌🖐	___ + ___ = ___
10	✊ + 🖐🖐 (4+5)	___ + ___ = ___
11	✊ + 🖐🖐	___ + ___ = ___

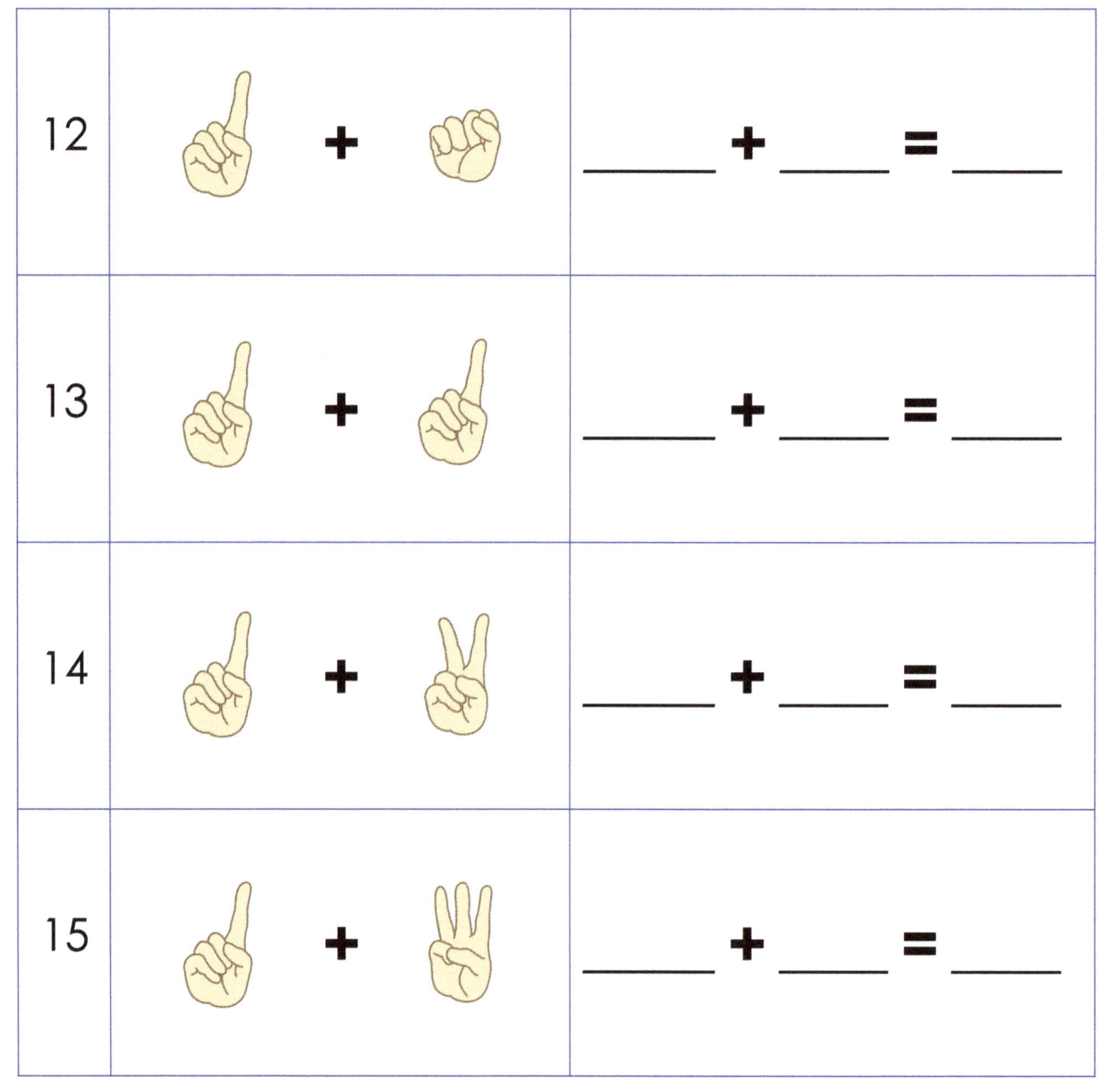

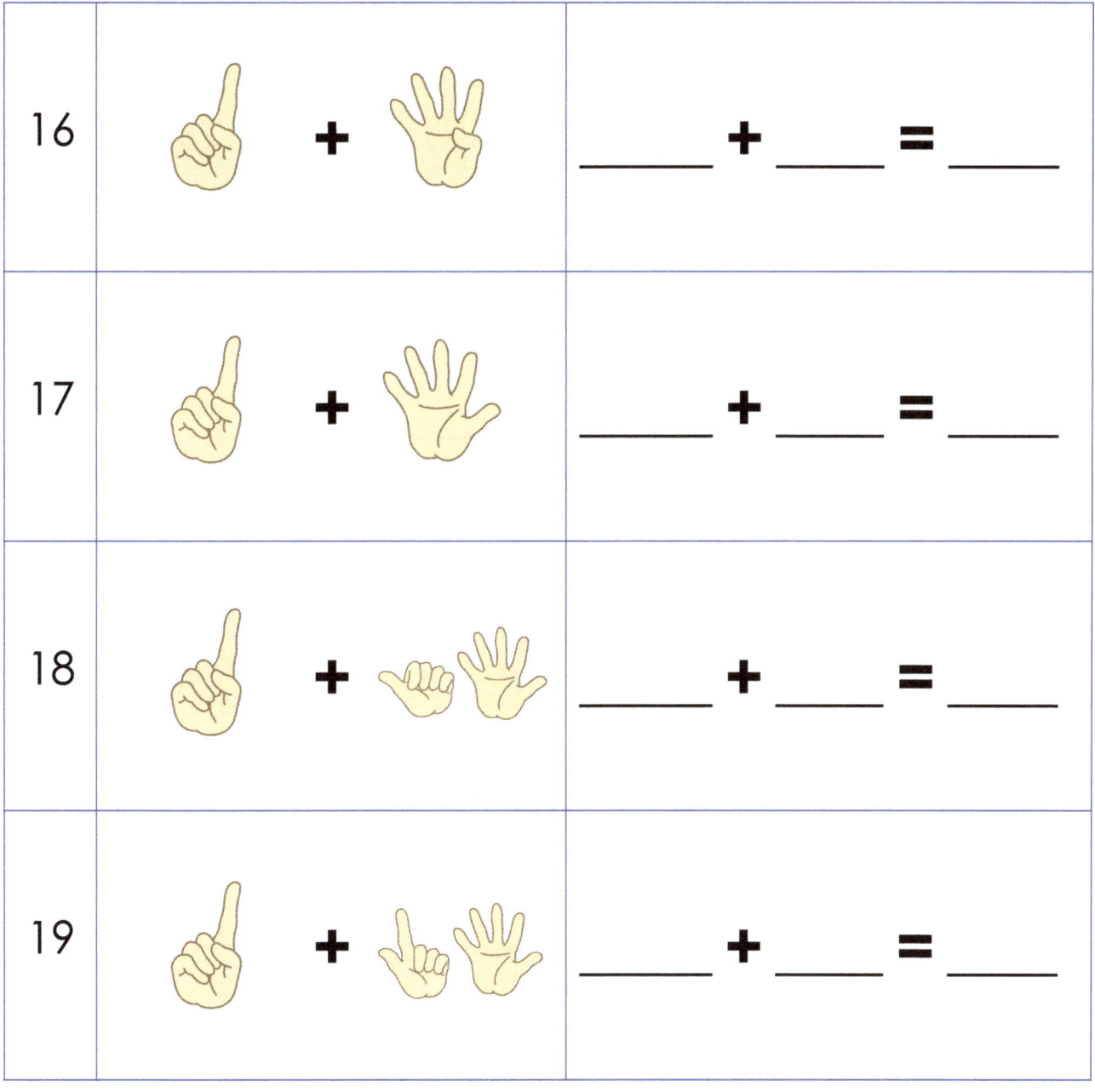

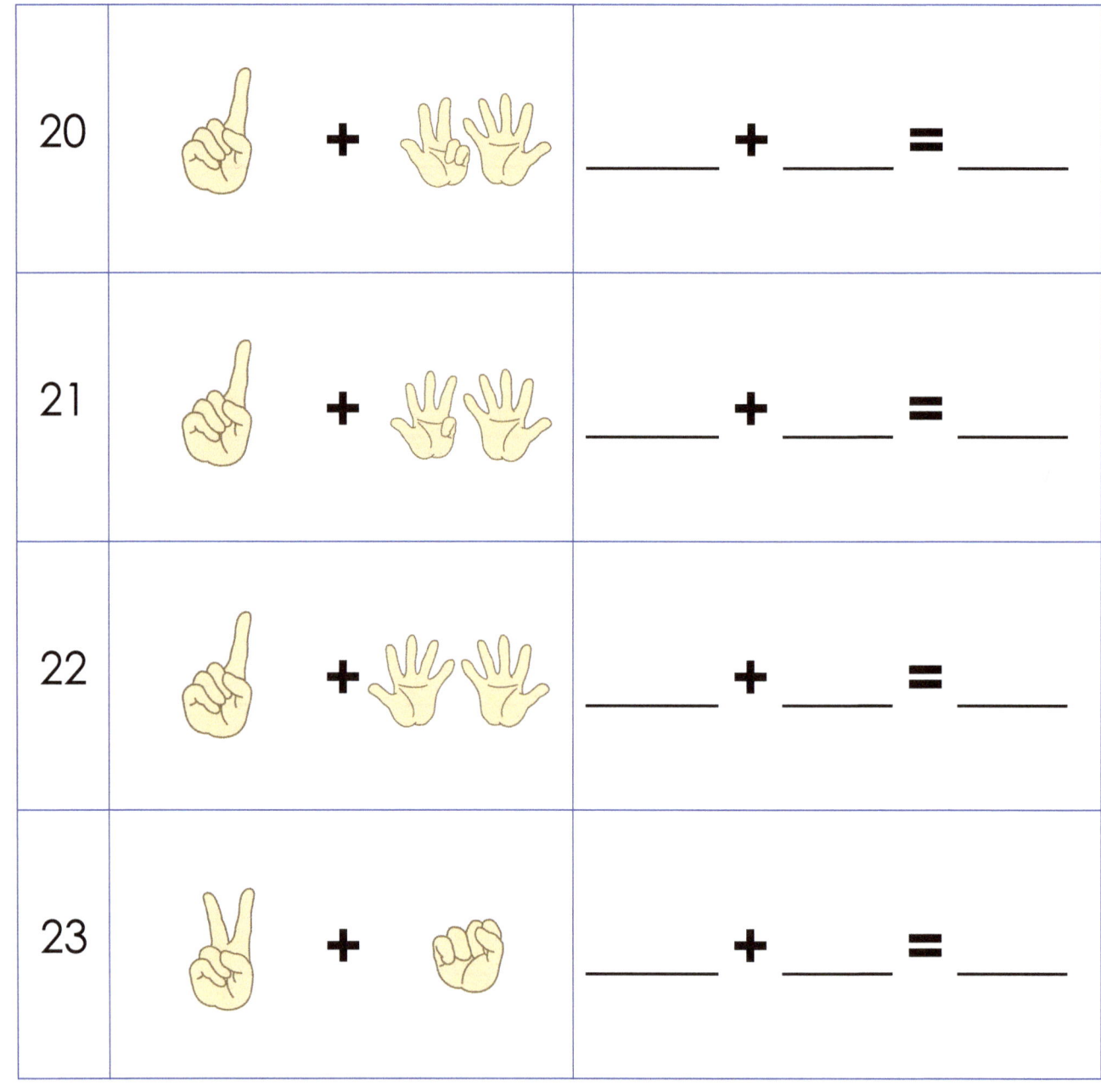

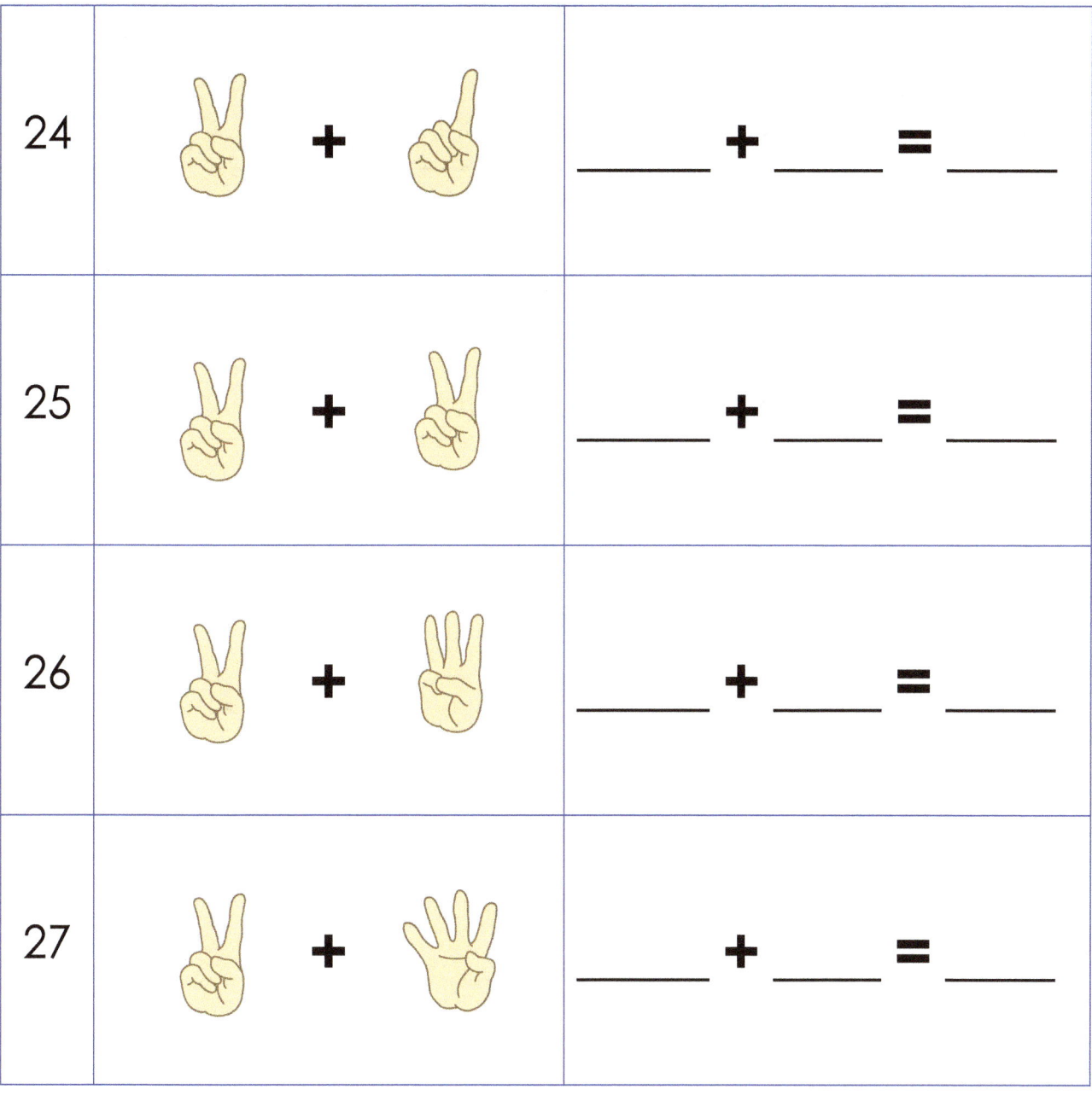

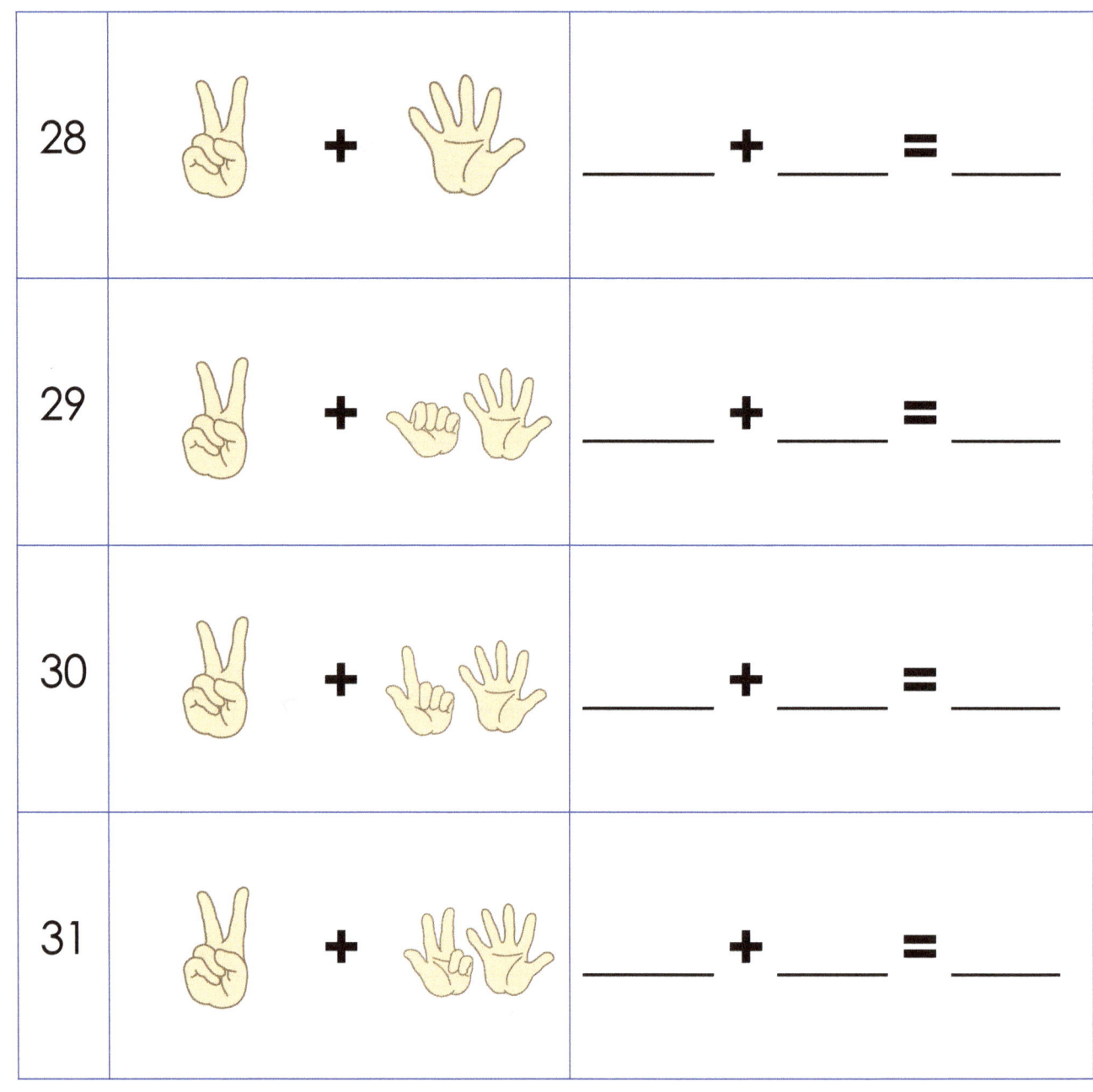

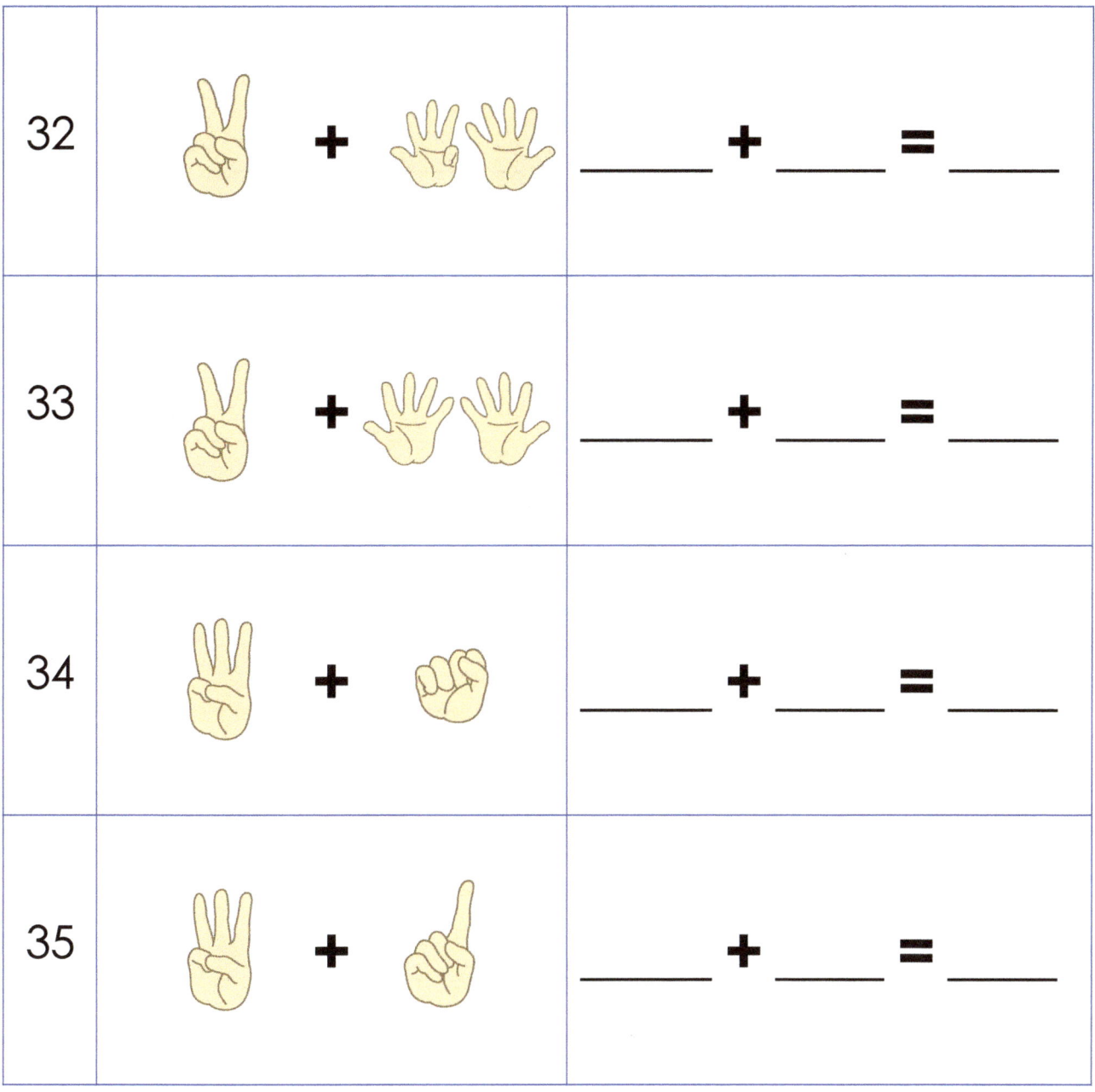

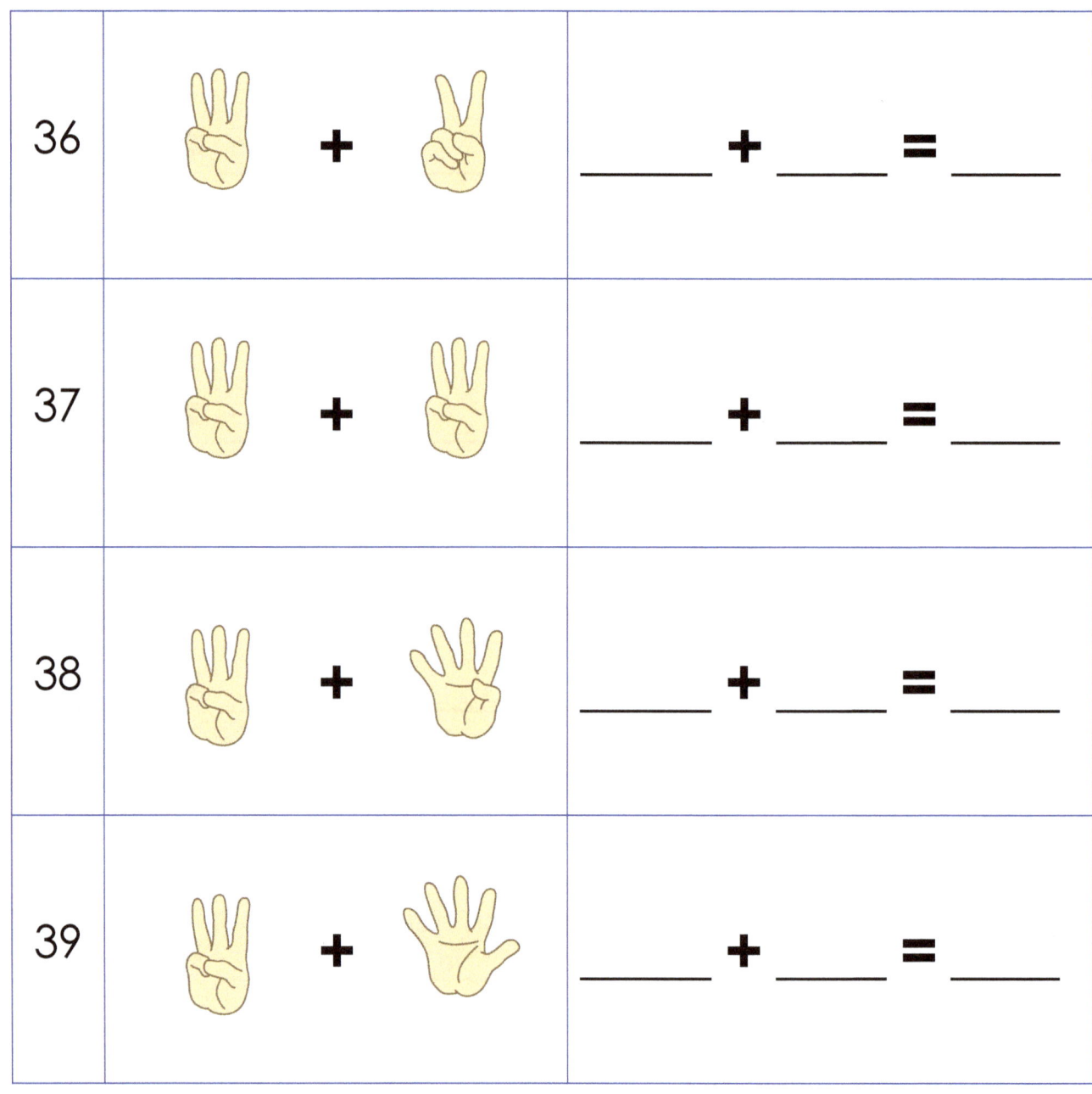

40	3 + 6	___ + ___ = ___
41	3 + 6	___ + ___ = ___
42	3 + 7	___ + ___ = ___
43	3 + 9	___ + ___ = ___

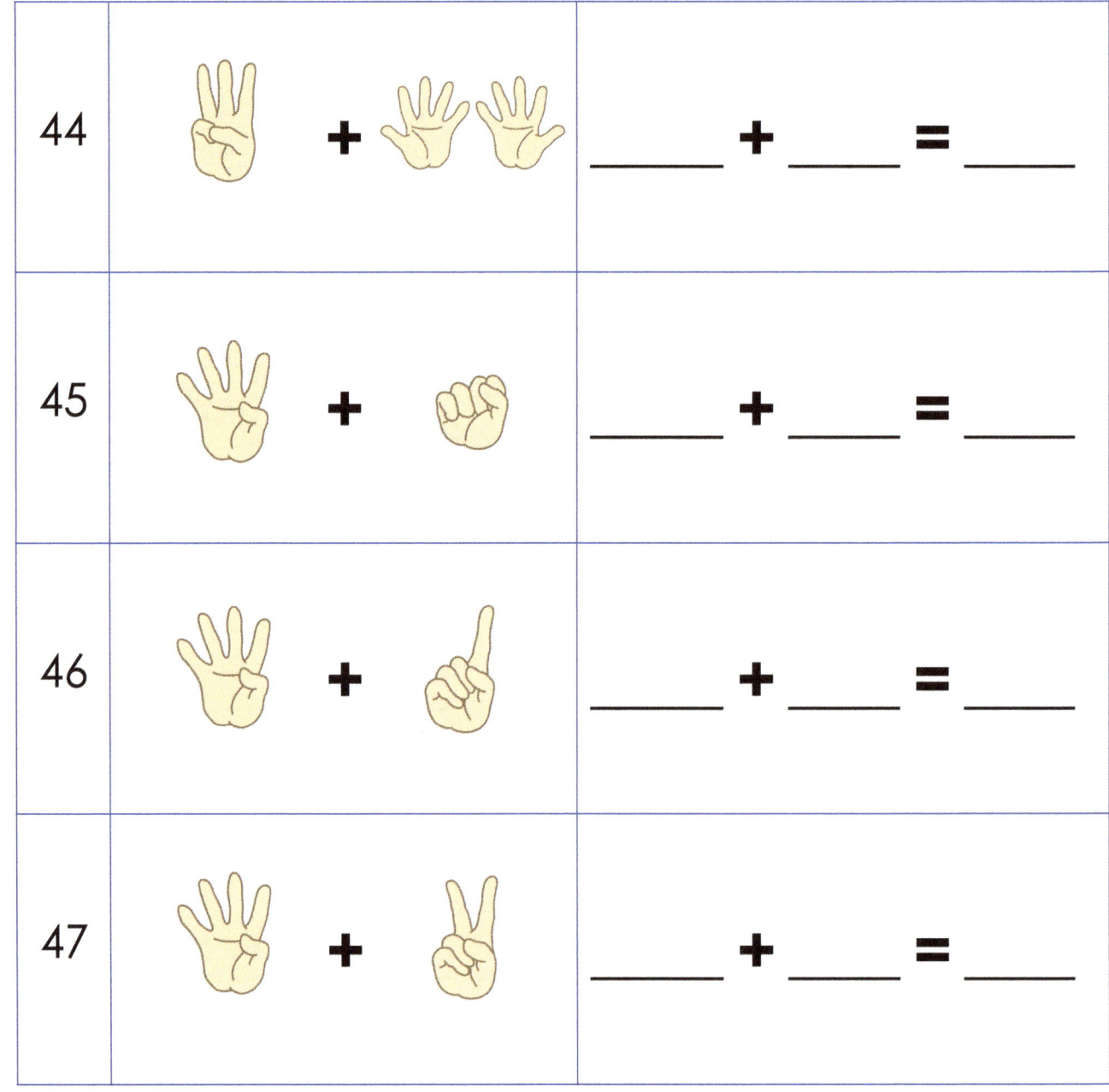

48	4 + 3	___ + ___ = ___
49	4 + 4	___ + ___ = ___
50	4 + 5	___ + ___ = ___
51	4 + 6	___ + ___ = ___

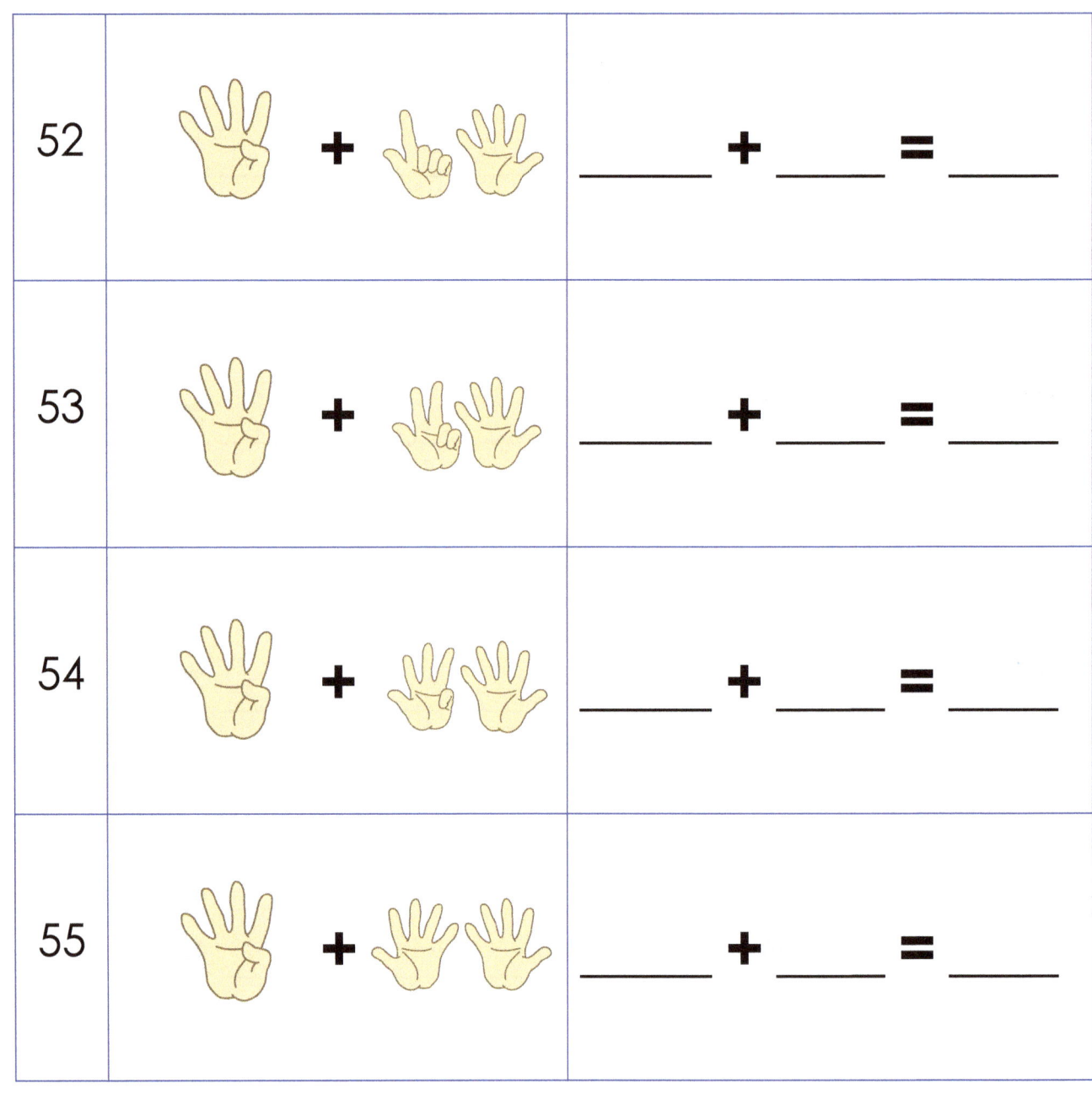

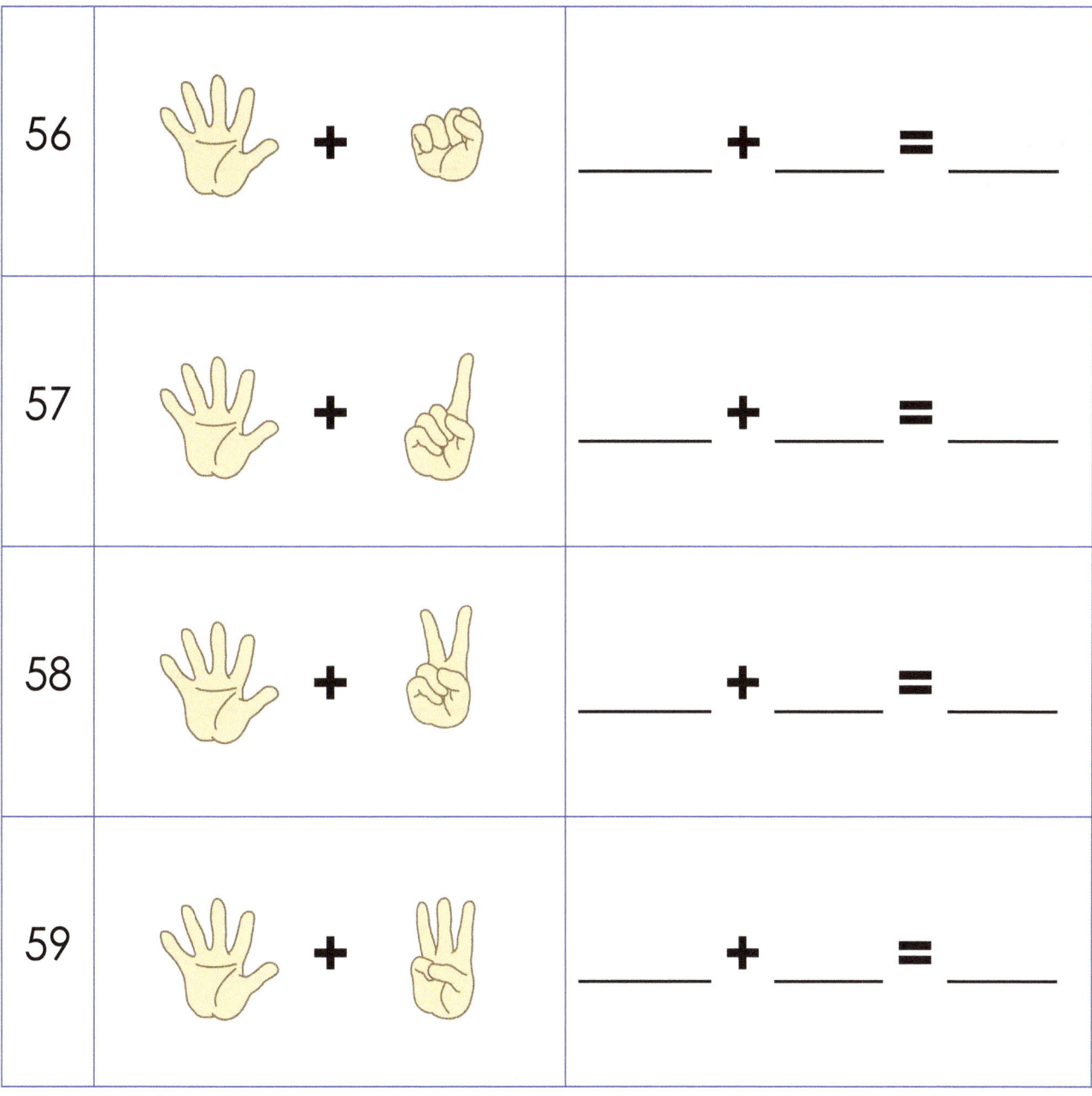

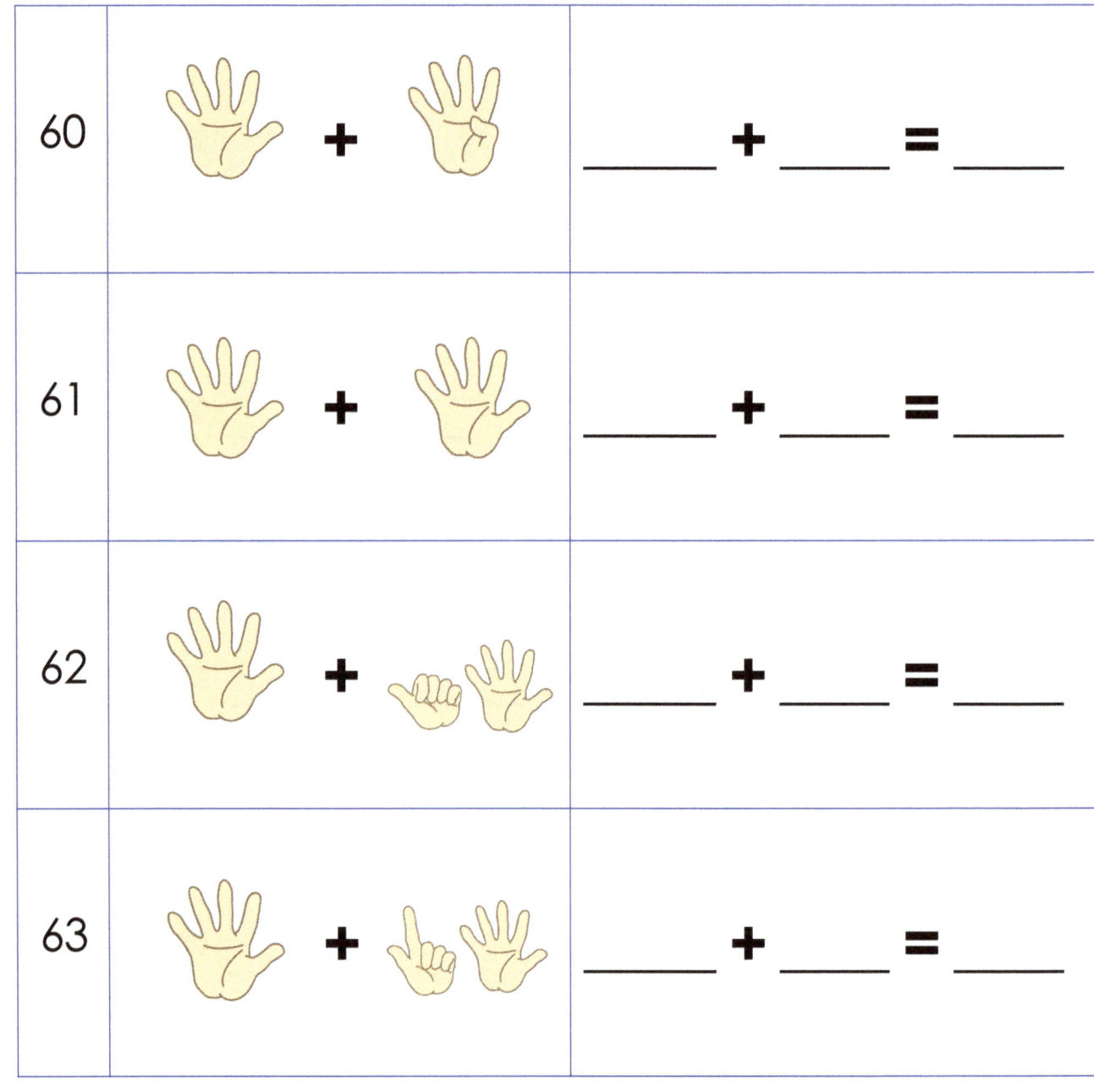

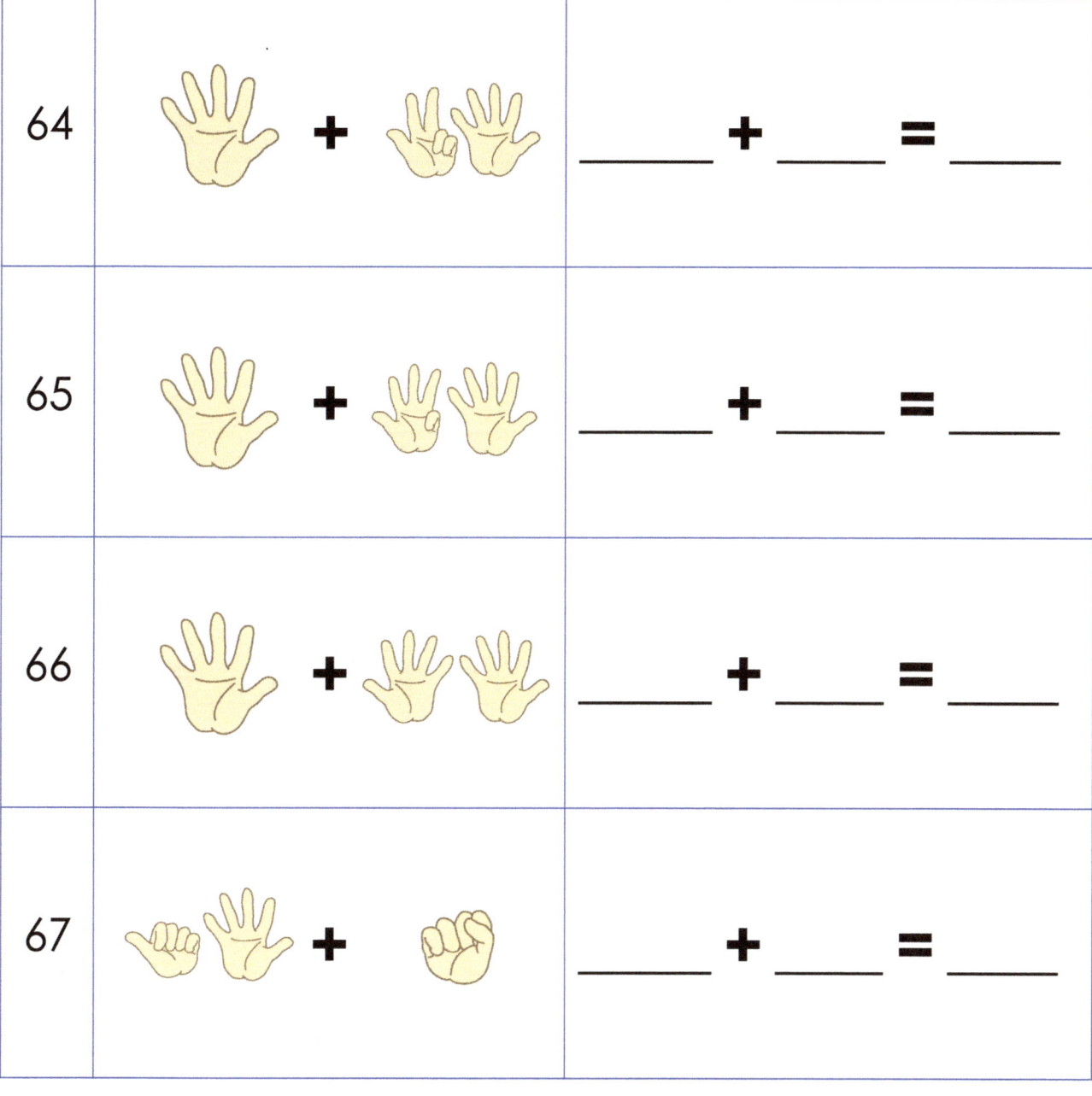

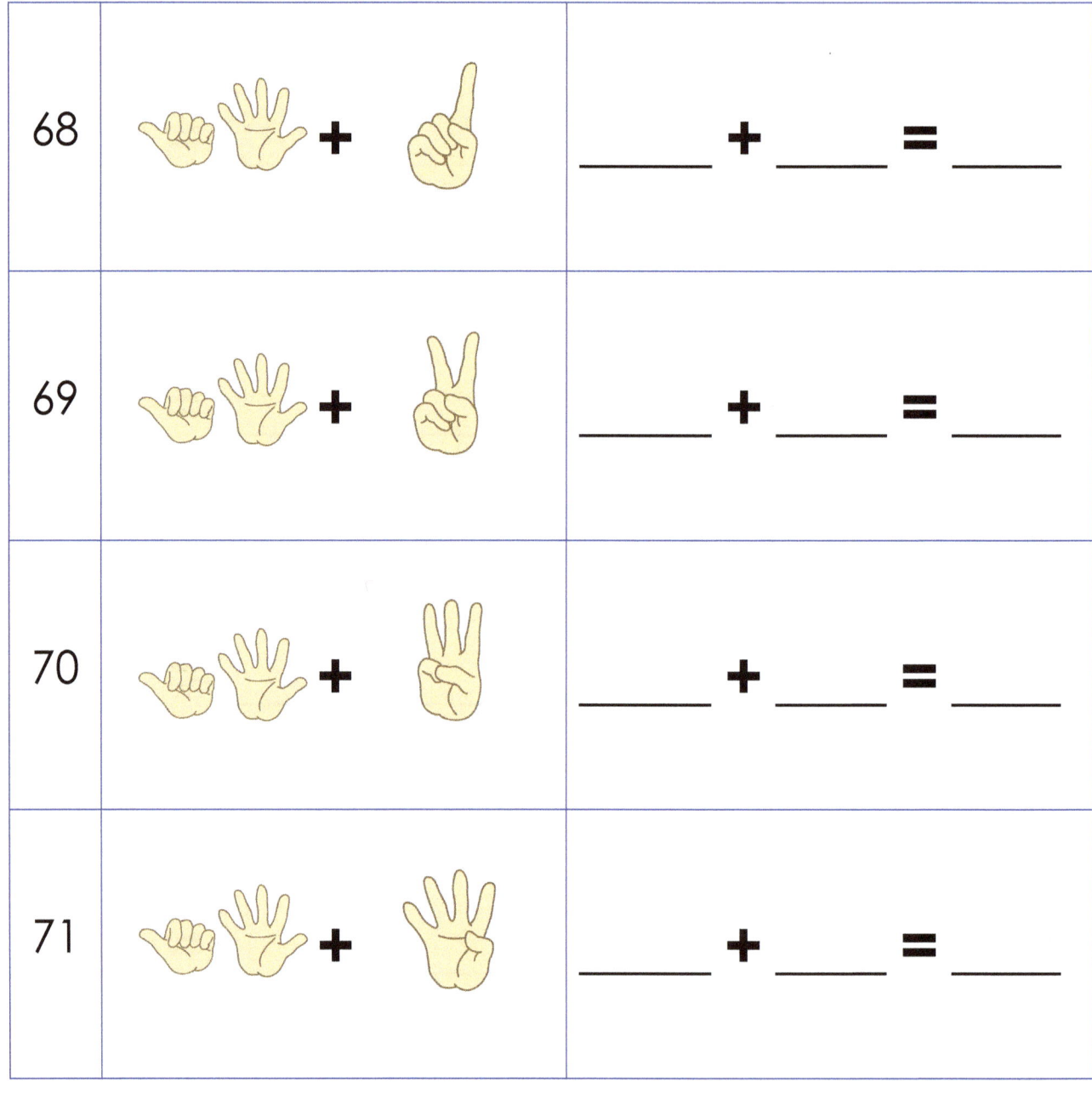

68	🖐 + ☝	___ + ___ = ___
69	🖐 + ✌	___ + ___ = ___
70	🖐 + 🤟(3)	___ + ___ = ___
71	🖐 + 🖖(4)	___ + ___ = ___

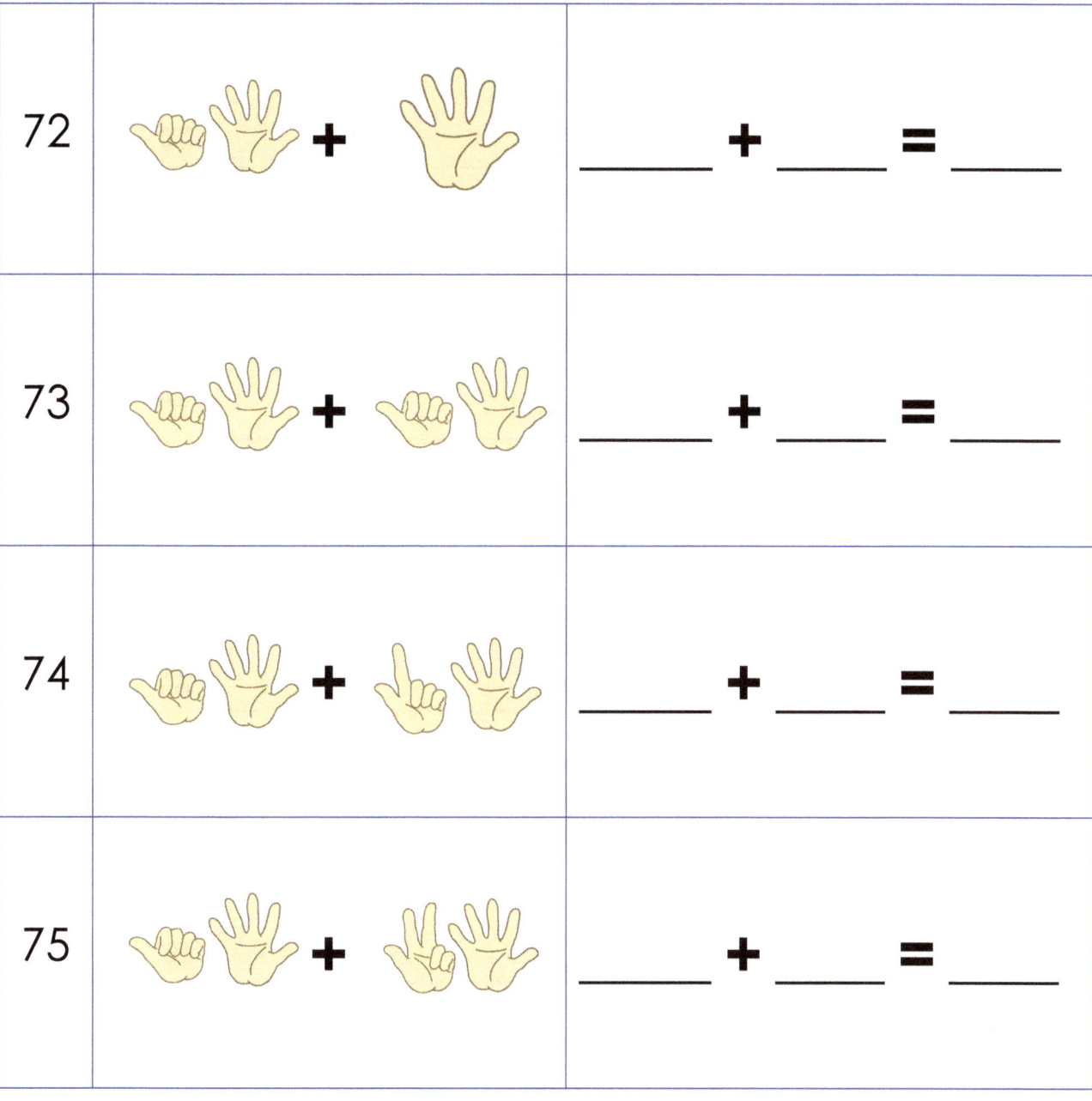

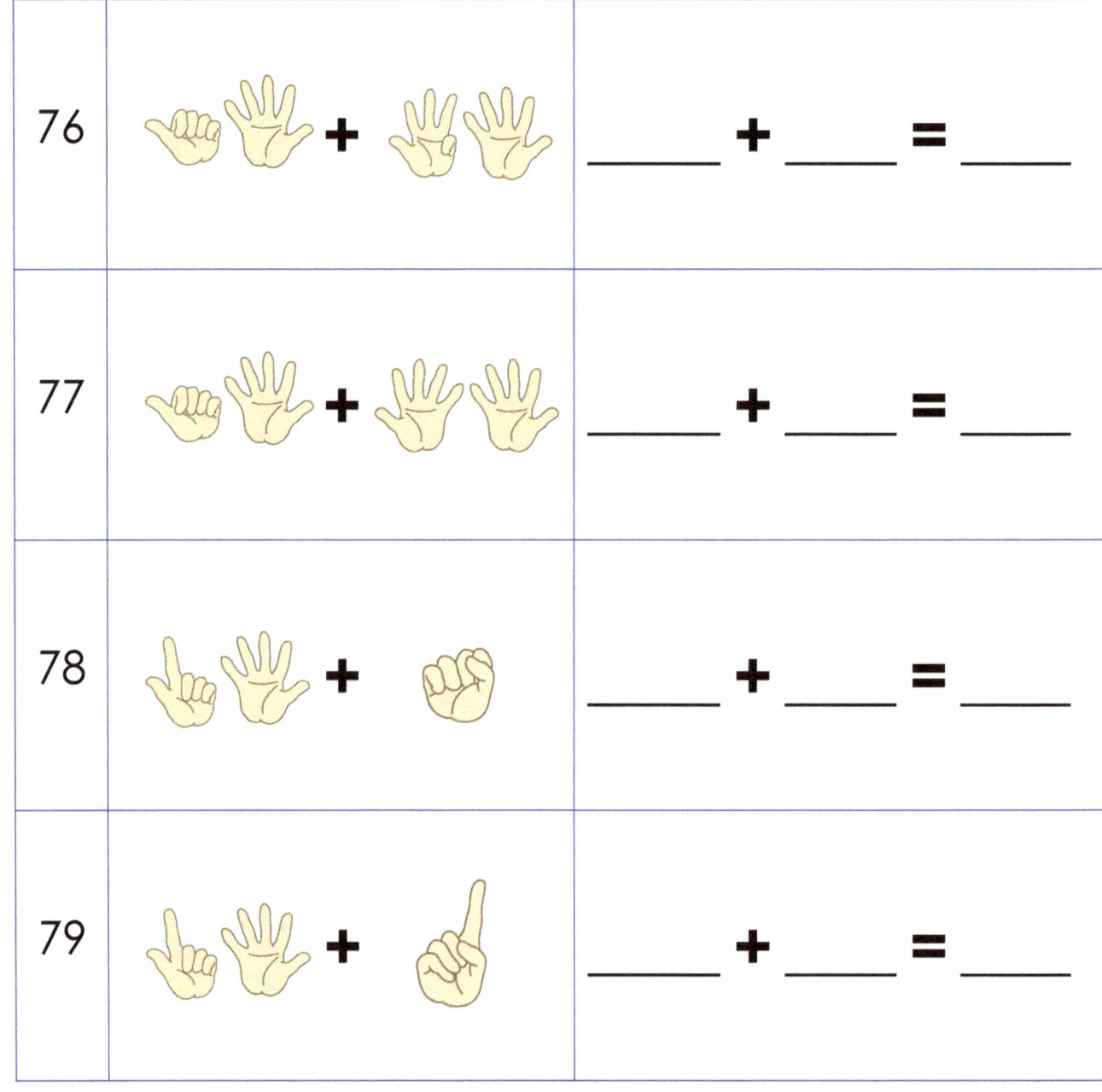

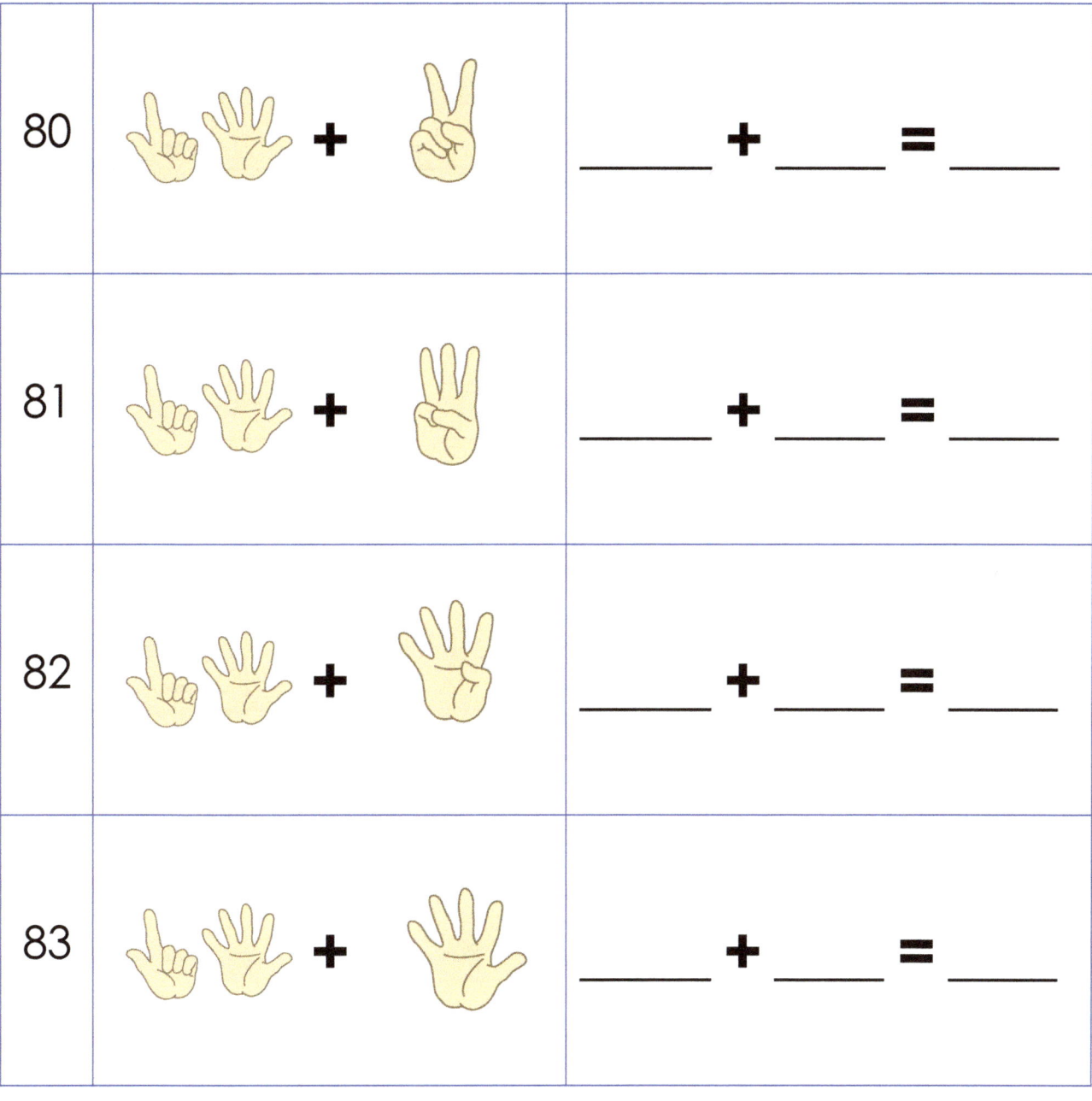

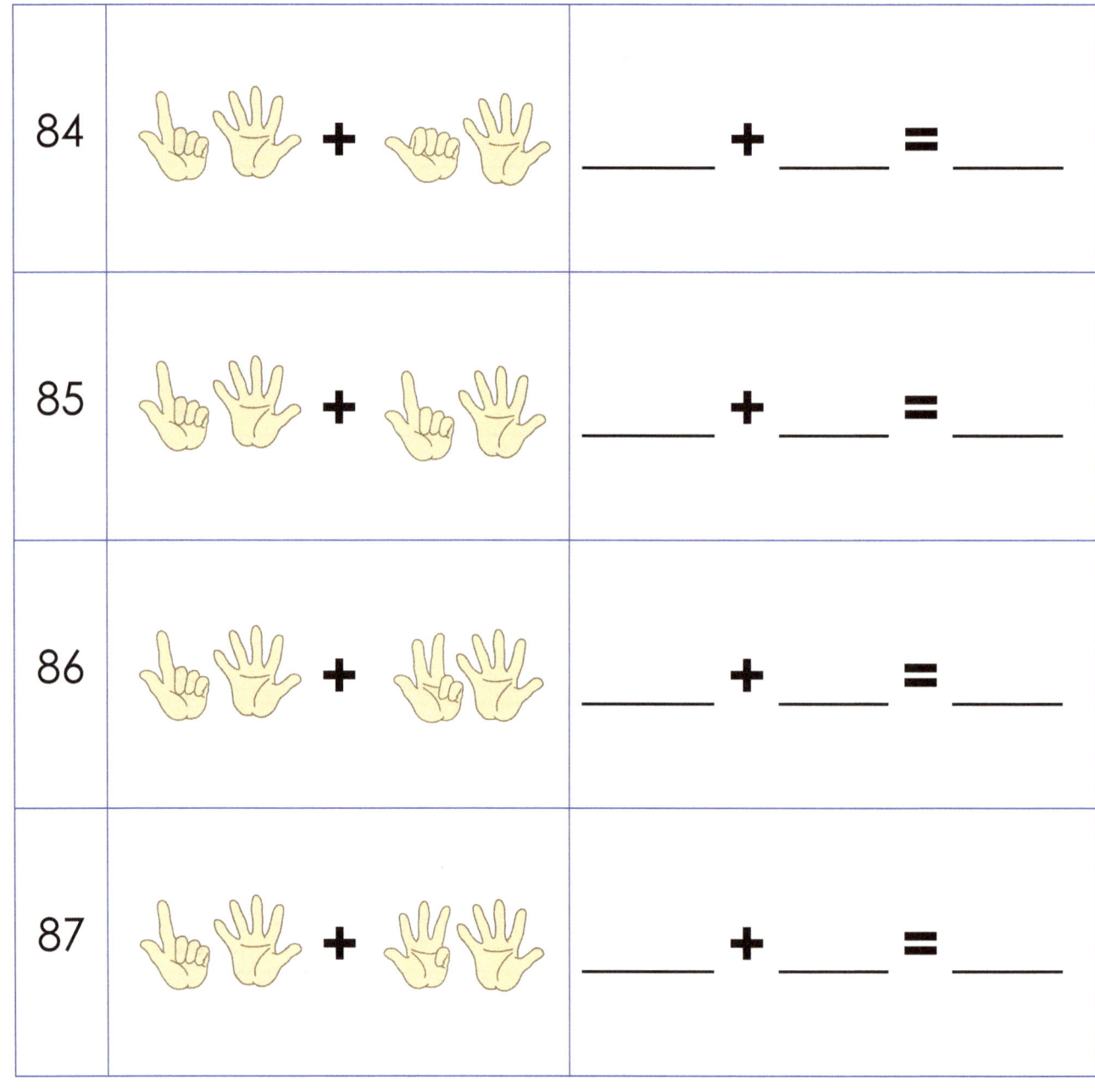

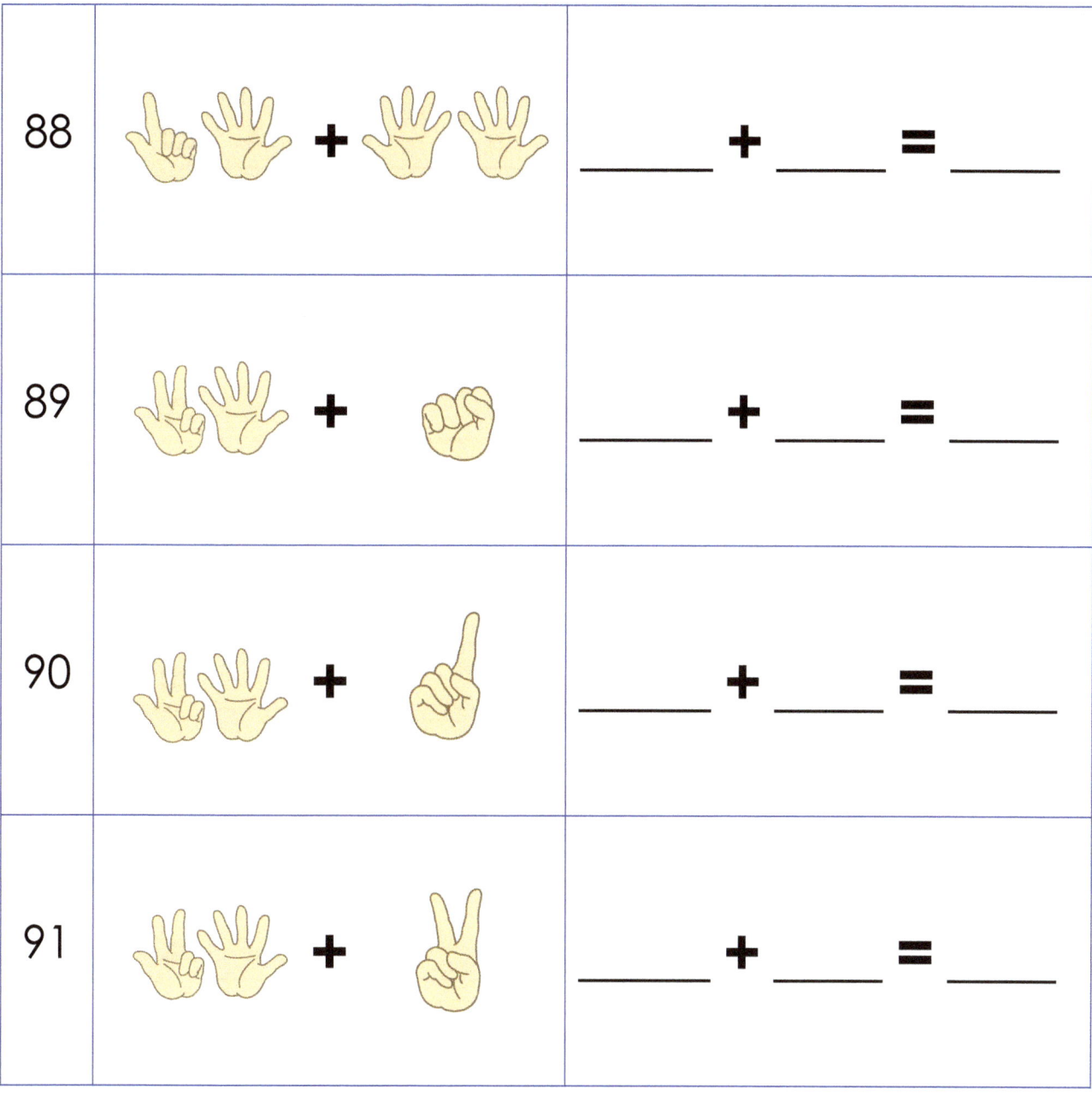

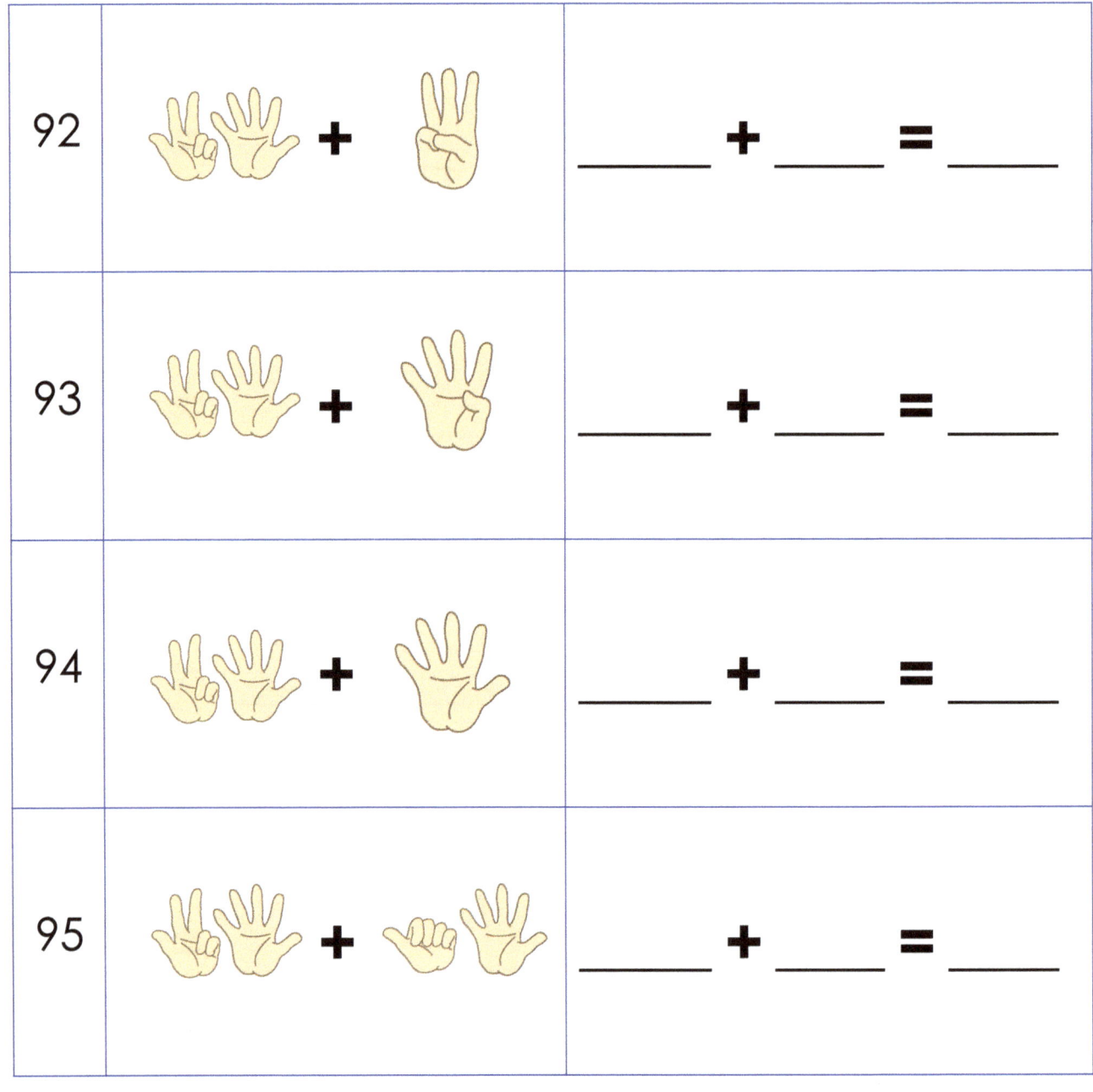

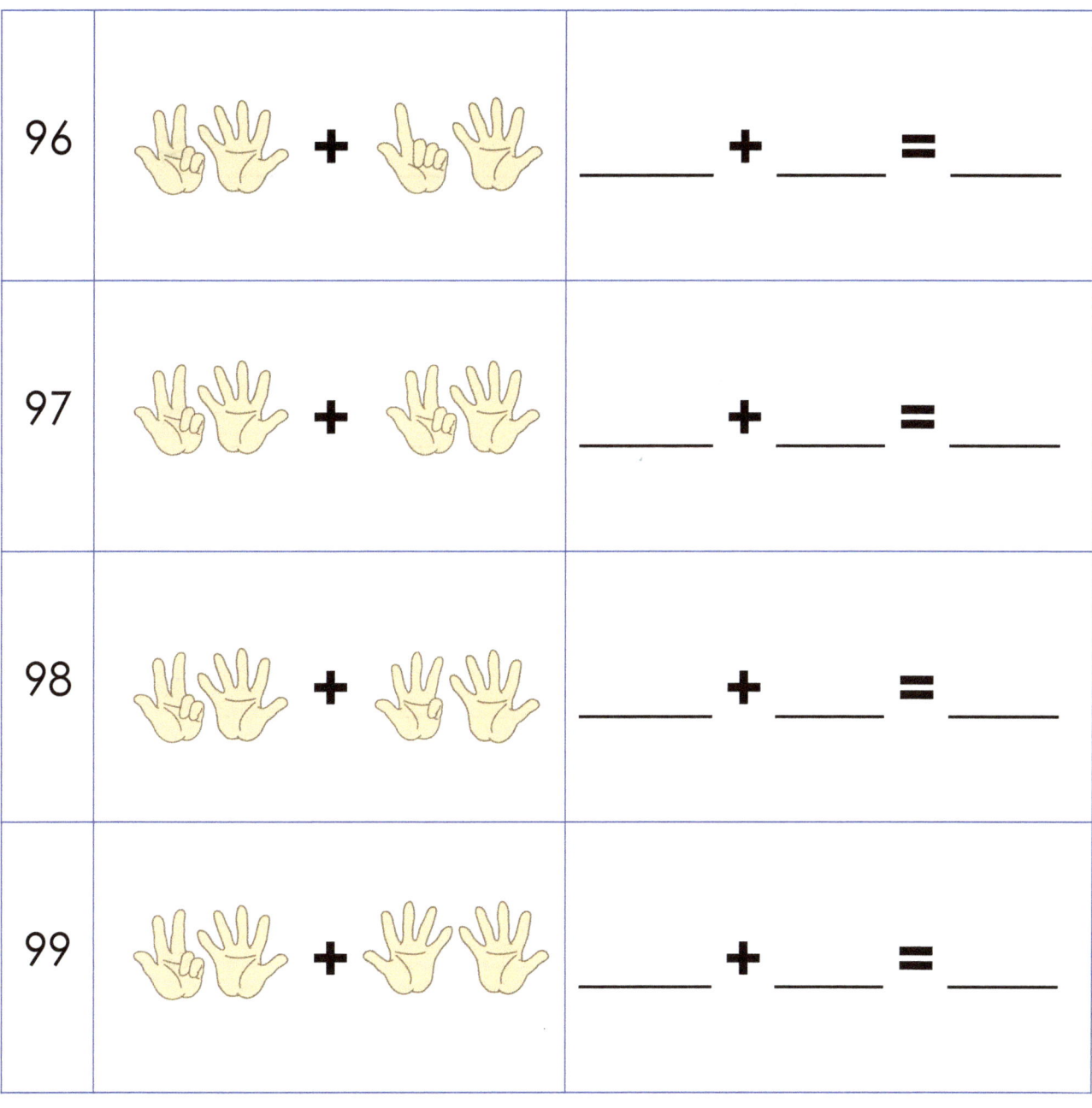

100	🖐🖐 + ✊	___ + ___ = ___
101	🖐🖐 + ☝	___ + ___ = ___
102	🖐🖐 + ✌	___ + ___ = ___
103	🖐🖐 + 🤟	___ + ___ = ___

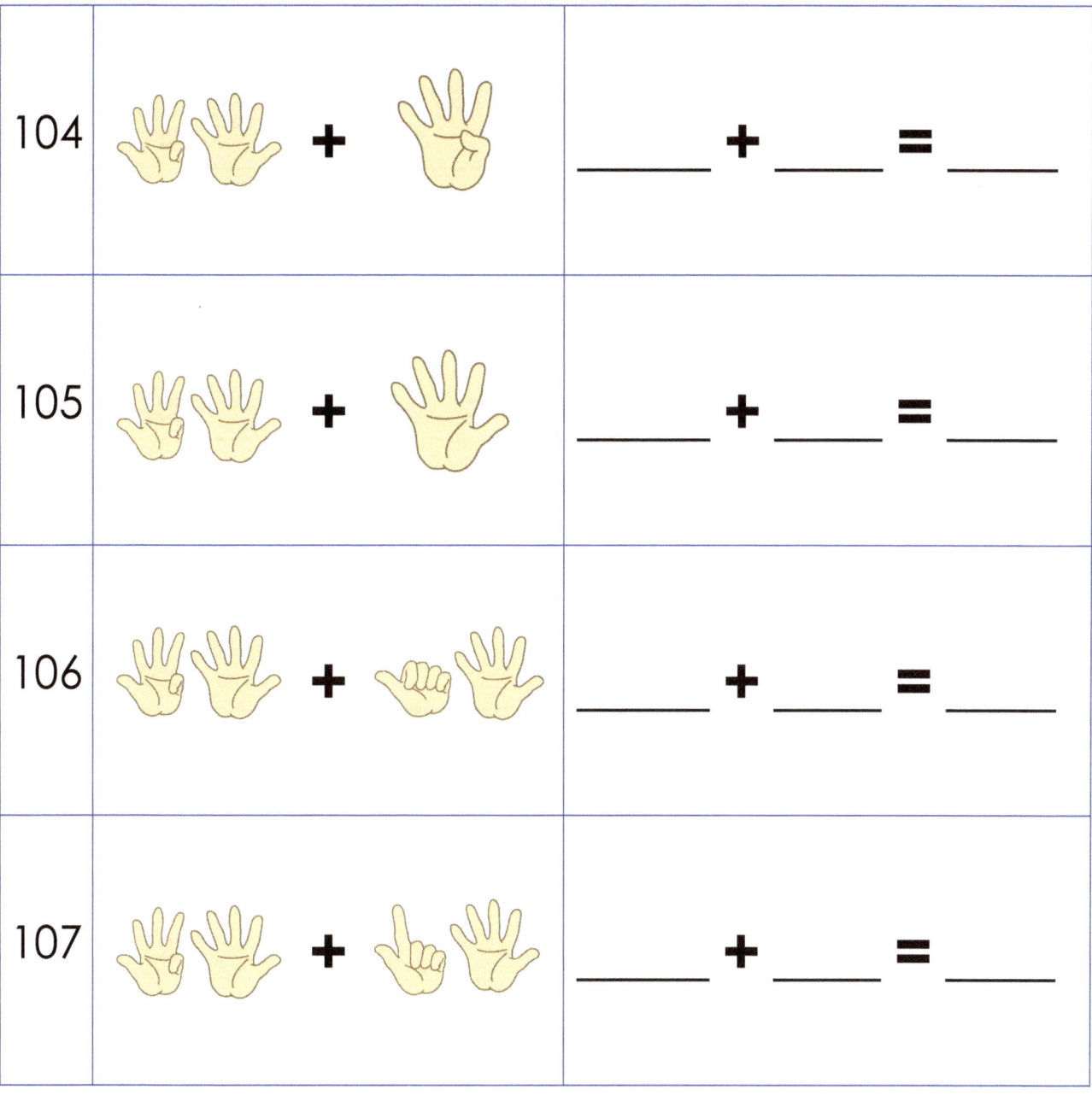

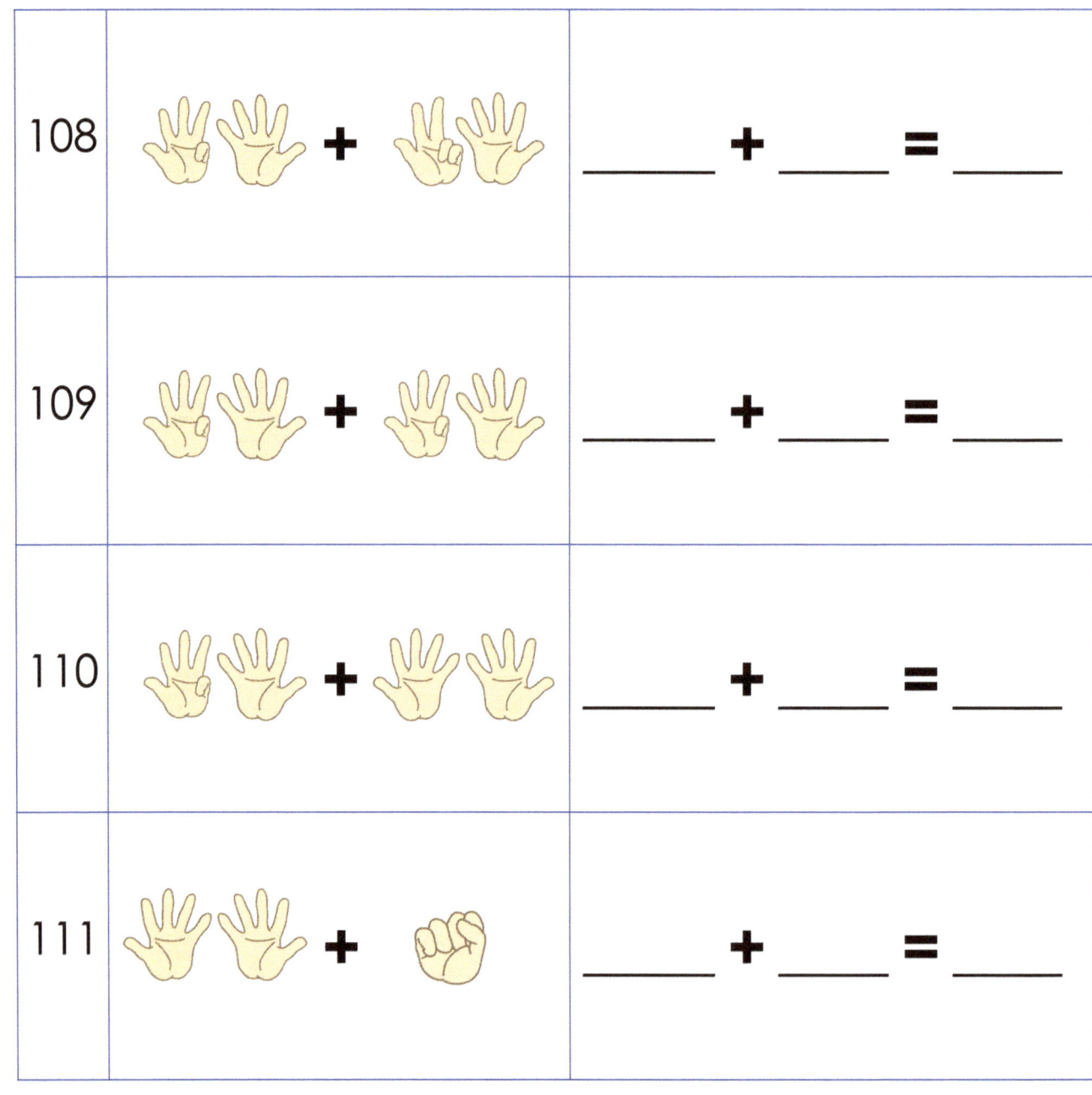

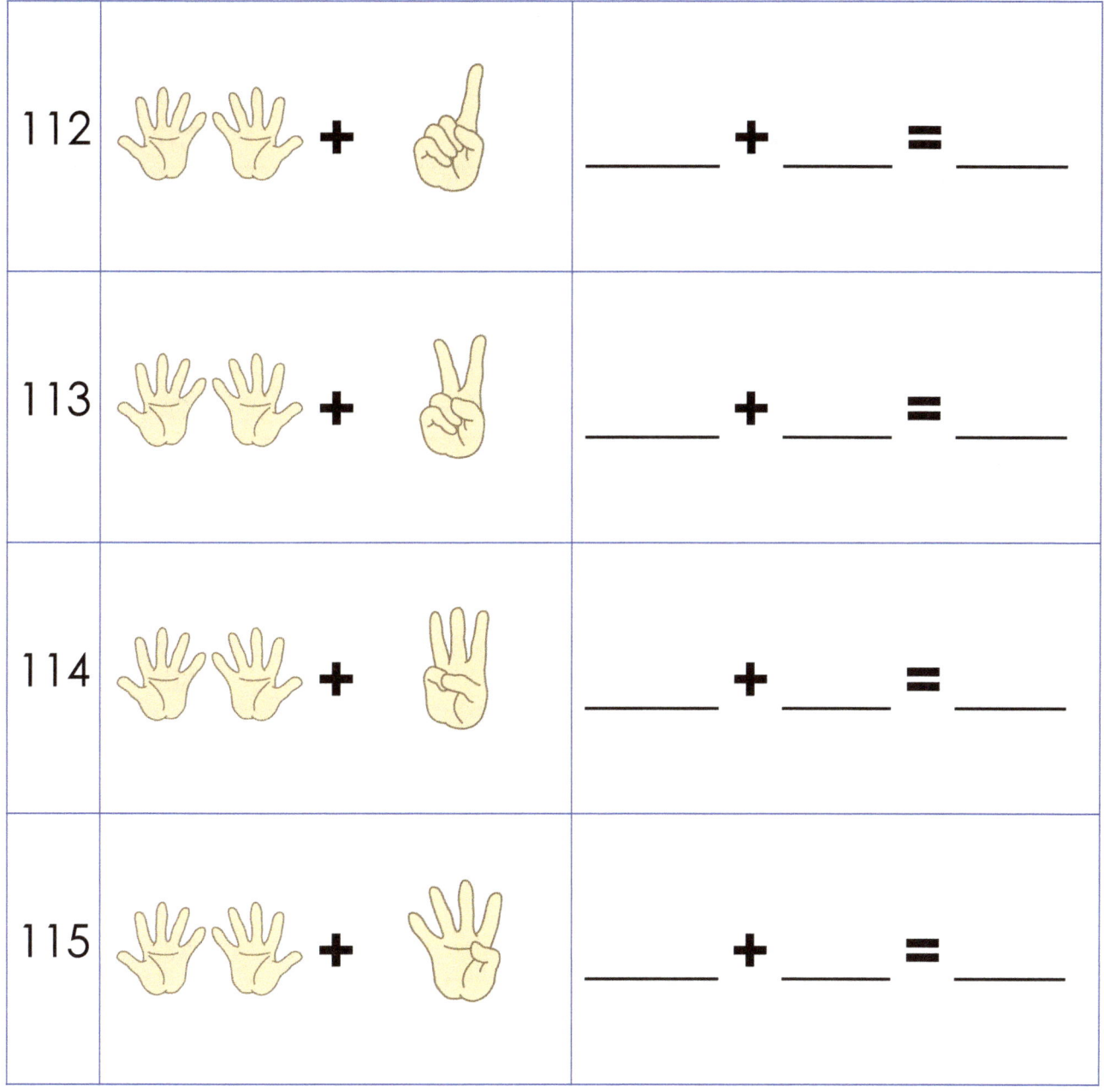

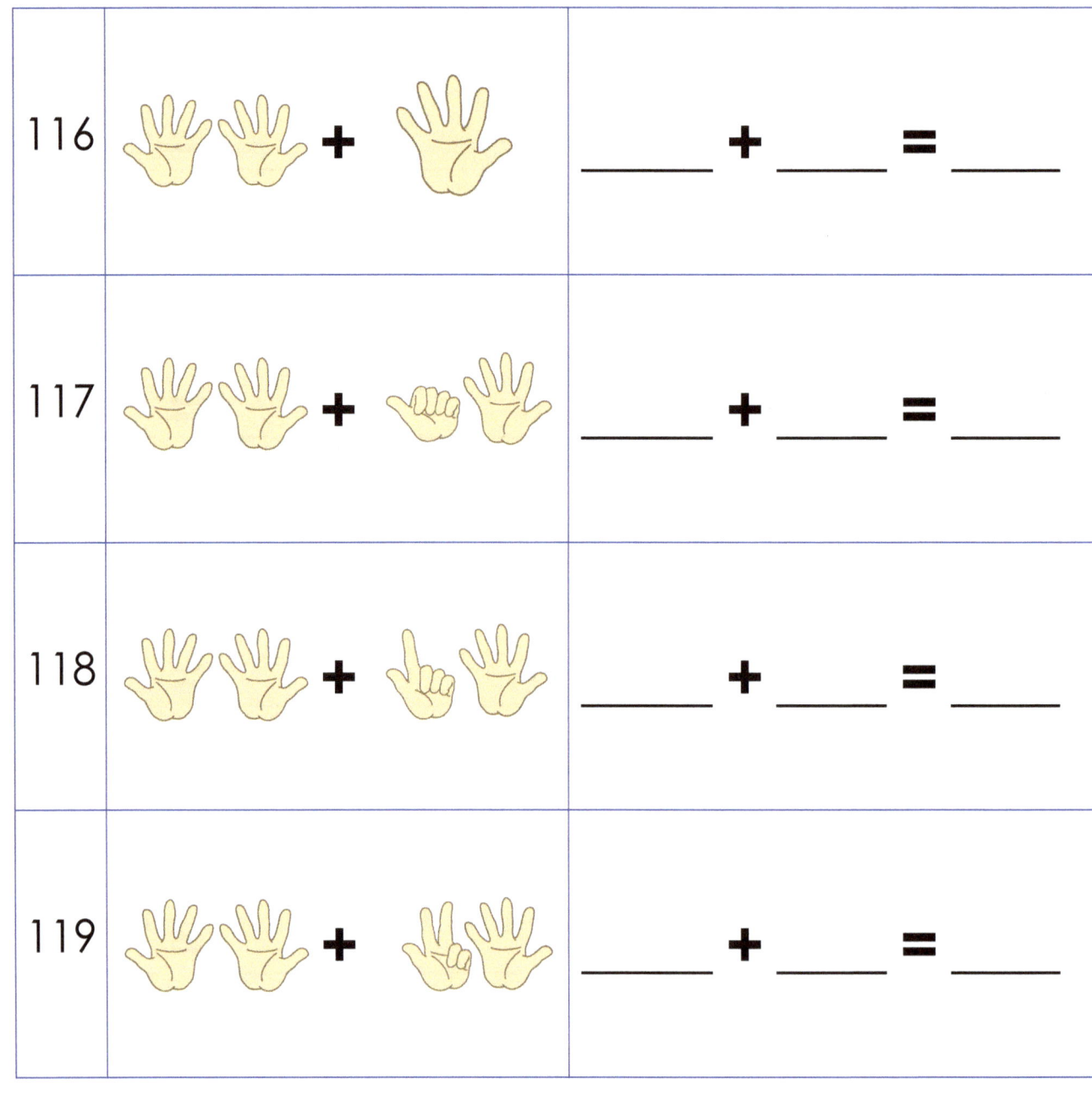

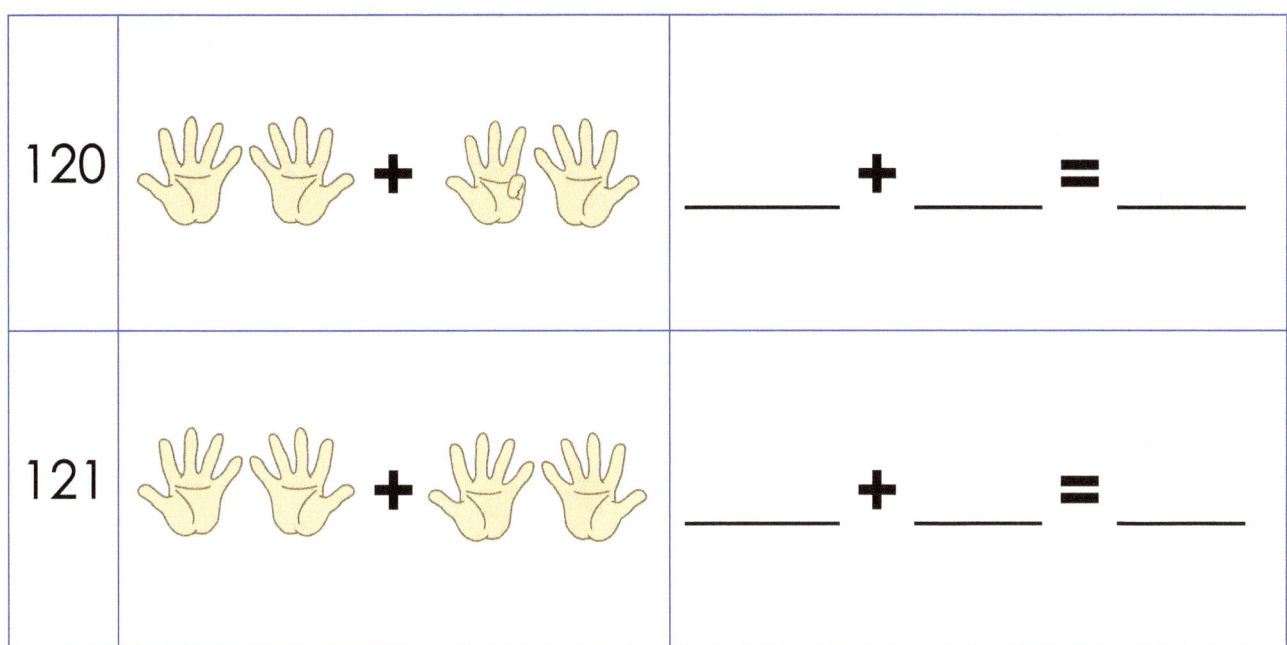

Illustrated Addition Practice 2

Name: _____

Count and add.   Score: _____

   +  =

 +  =

ANSWERS

1. 0 + 0 = 0
2. 0 + 1 = 1
3. 0 + 2 = 2
4. 0 + 3 = 3
5. 0 + 4 = 4
6. 0 + 5 = 5
7. 0 + 6 = 6
8. 0 + 7 = 7
9. 0 + 8 = 8
10. 0 + 9 = 9
11. 0 + 10 = 10
12. 1 + 0 = 1
13. 1 + 1 = 2
14. 1 + 2 = 3
15. 1 + 3 = 4
16. 1 + 4 = 5
17. 1 + 5 = 6
18. 1 + 6 = 7
19. 1 + 7 = 8
20. 1 + 8 = 9
21. 1 + 9 = 10
22. 1 + 10 = 11
23. 2 + 0 = 2
24. 2 + 1 = 3
25. 2 + 2 = 4
26. 2 + 3 = 5
27. 2 + 4 = 6
28. 2 + 5 = 7
29. 2 + 6 = 8
30. 2 + 7 = 9
31. 2 + 8 = 10
32. 2 + 9 = 11
33. 2 + 10 = 12
34. 3 + 0 = 3
35. 3 + 1 = 4
36. 3 + 2 = 5
37. 3 + 3 = 6
38. 3 + 4 = 7
39. 3 + 5 = 8
40. 3 + 6 = 9
41. 3 + 7 = 10
42. 3 + 8 = 11
43. 3 + 9 = 12
44. 3 + 10 = 13
45. 4 + 0 = 4
46. 4 + 1 = 5
47. 4 + 2 = 6
48. 4 + 3 = 7
49. 4 + 4 = 8
50. 4 + 5 = 9
51. 4 + 6 = 10
52. 4 + 7 = 11
53. 4 + 8 = 12
54. 4 + 9 = 13
55. 4 + 10 = 14
56. 5 + 0 = 5
57. 5 + 1 = 6
58. 5 + 2 = 7
59. 5 + 3 = 8
60. 5 + 4 = 9
61. 5 + 5 = 10
62. 5 + 6 = 11
63. 5 + 7 = 12
64. 5 + 8 = 13
65. 5 + 9 = 14
66. 5 + 10 = 15

67. 6 + 0 = 6
68. 6 + 1 = 7
69. 6 + 2 = 8
70. 6 + 3 = 9
71. 6 + 4 = 10
72. 6 + 5 = 11
73. 6 + 6 = 12
74. 6 + 7 = 13
75. 6 + 8 = 14
76. 6 + 9 = 15
77. 6 + 10 = 16
78. 7 + 0 = 7
79. 7 + 1 = 8
80. 7 + 2 = 9
81. 7 + 3 = 10
82. 7 + 4 = 11
83. 7 + 5 = 12
84. 7 + 6 = 13
85. 7 + 7 = 14

86. 7 + 8 = 15
87. 7 + 9 = 16
88. 7 + 10 = 17
89. 8 + 0 = 8
90. 8 + 1 = 9
91. 8 + 2 = 10
92. 8 + 3 = 11
93. 8 + 4 = 12
94. 8 + 5 = 13
95. 8 + 6 = 14
96. 8 + 7 = 15
97. 8 + 8 = 16
98. 8 + 9 = 17
99. 8 + 10 = 18
100. 9 + 0 = 9
101. 9 + 1 = 10
102. 9 + 2 = 11
103. 9 + 3 = 12
104. 9 + 4 = 13

105. 9 + 5 = 14
106. 9 + 6 = 15
107. 9 + 7 = 16
108. 9 + 8 = 17
109. 9 + 9 = 18
110. 9 + 10 = 19
111. 10 + 0 = 10
112. 10 + 1 = 11
113. 10 + 2 = 12
114. 10 + 3 = 13
115. 10 + 4 = 14
116. 10 + 5 = 15
117. 10 + 6 = 16
118. 10 + 7 = 17
119. 10 + 8 = 18
120. 10 + 9 = 19
121. 10 + 10 = 20

1. 2 + 1 = 3
2. 2 + 3 = 5
3. 3 + 1 = 4
4. 4 + 2 = 6

5. 3 + 2 = 5
6. 3 + 3 = 6
7. 3 + 2 = 5
8. 5 + 2 = 7

9. 3 + 3 = 6
10. 5 + 4 = 9
11. 4 + 3 = 7
12. 6 + 5 = 11

www.ingramcontent.com/pod-product-compliance
Lightning Source LLC
LaVergne TN
LVHW061321060426
835507LV00019B/2249